AF319215

DE LA

DÉCENTRALISATION

DU CRÉDIT

PAR L'AUTEUR DU :

CRÉDIT LIBRE PAR LE TRAVAIL LIBRE

PARIS

GUILLAUMIN ET Cᵉ,	E. DENTU, LIBRAIRE,
LIBRAIRES,	PALAIS-ROYAL,
14, rue Richelieu.	17 et 19, galerie d'Orléans.

1865

Paris.—Imp. Bonaventure et Ducessois, 55, quai des Augustins.

DE LA

DÉCENTRALISATION DU CRÉDIT

LA LIBERTÉ DANS L'UNITÉ.

Quand on examine l'ensemble des questions posées par l'enquête sur les Banques, on est quelque peu surpris de ne pas y voir figurer la première, la plus importante de toutes : celle de savoir quels sont les principes qui constituent le crédit en lui-même, et à quels besoins essentiels doivent pourvoir les Banques chargées de le distribuer.

En 1810, Napoléon Ier écrivait de Laken au comte Mollien ces paroles qui ont encore aujourd'hui toute leur actualité, et qui résumaient si nettement l'opinion de l'Empereur sur le rôle des Banques dans l'organisation commerciale de notre pays.

« Il faut, disait-il, que, dans toute l'étendue de l'Empire, on
« trouve de l'argent contre bonnes valeurs à 4 °/₀.

« Ce que vous devez dire au gouverneur de la Banque et
« aux Régents, c'est qu'ils doivent écrire en lettres d'or, sur le
« livre de leurs assemblées, ces mots : Quel est le but de la Ban-
« que de France? D'escompter les crédits de toutes les maisons
« de commerce. »

Le maximum de l'escompte à 4 °/₀ était le prix qu'il avait entendu fixer à la concession de ce privilége.

Dans une autre occasion, l'Empereur répondait à une députation du commerce : « Vous aurez mieux que des comptoirs de la
« Banque. J'accorderai le privilége d'une Banque particulière à

« chaque ville qui m'aura présenté une liste de ses actionnaires,
« et qui m'aura prouvé que les négociants qui réclament le se-
« cours de l'escompte ont chaque annnée quelques millions de
« bonnes valeurs à acquitter dans ses murs. »

Si on se rend compte de la pensée qui inspira ces paroles, on
reste convaincu que jamais il n'entra dans les intentions de leur
auteur de constituer un privilége exclusif et sans restriction en faveur de la Banque de France ; qu'au contraire il se réserva d'é-
tendre le bénéfice d'un privilége semblable à toute ville qui, par
l'importance de ses transactions, viendrait à en justifier l'oppor-
tunité.

Que reste-t-il aujourd'hui des termes de ce contrat si formel ?
Non-seulement la Banque de France a réussi à se faire relever de
ce maximum de 4 °/₀ imposé à ses escomptes, mais encore elle a
fait rapporter pour elle seule la disposition de notre code qui
fixe à 6 °/₀ l'intérêt légal pour toutes les transactions, et pour
elle seule une loi spéciale a consacré la liberté absolue du taux
de l'intérêt.

Aujourd'hui, les villes de commerce n'ont plus à prétendre à ces
Banques particulières dont elles devaient partager le privilége
avec la Banque de France. Elles en sont réduites à ces comptoirs
au delà desquels le premier Empereur concevait quelque chose de
mieux.

C'est que l'habile organisateur touchait encore de trop près à
la Révolution française pour en avoir oublié les grands principes.
Il entendait encore ces belles paroles de Turgot, dans son préam-
bule de la loi qui abolit les jurandes et les maîtrises : « Dieu, en
« donnant à l'homme des besoins et en lui rendant nécessaire la
« ressource du travail, a fait du travail la propriété de tout
« homme ; et cette propriété est la première, la plus sacrée, la
« plus imprescriptible de toutes. » Et comme la connexité intime
du travail avec le crédit ne pouvait échapper à un esprit aussi ju-
dicieux, il avait voulu sauvegarder les droits du travail, en lui
réservant la liberté du crédit.

Voilà les principes et les faits que l'enquête aurait dû rappeler dans ses prémisses. Elle y aurait trouvé une mesure précise pour juger et réduire à leur juste valeur les arguments que des intérêts contraires voudraient faire prévaloir, comme les résultats constatés de la science et de la pratique.

La Commission elle-même se serait rendu sa tâche plus facile et eût atteint plus sûrement son but, en limitant son questionnaire à quelques points de doctrine et à quelques faits principaux, les seuls qui aient un intérêt capital et concluant.

Renfermée dans ce cercle plus étroit, la question des Banques n'avait plus à se résoudre que par les simples déductions de la logique.

I

Une des thèses nouvelles que l'on soutient aujourd'hui le plus ardemment, c'est l'assimilation complète de la monnaie fiduciaire à la monnaie métallique ; de là cette conséquence indiquée, que le droit de frapper monnaie étant un attribut du pouvoir souverain, son droit régalien s'étendrait jusqu'à celui d'émettre seul la monnaie fiduciaire et de pouvoir en conférer la faculté à des tiers par voie de délégation.

Cette confusion intentionnelle de la monnaie fiduciaire avec la monnaie métallique est tout simplement une théorie de circonstance, imaginée pour soutenir une prétention autrement injustifiable ; car, de quelques fictions économiques ou législatives que l'on entoure la monnaie fiduciaire, on ne fera jamais qu'un morceau de papier, si entrefilé qu'il soit, ait la valeur vénale et intrinsèque d'une pièce de 5 francs frappée au coin de l'État, et qu'un billet de la Banque de France elle-même se transforme à la fonte en un lingot quelconque.

La différence entre ces deux monnaies d'une nature si diverse est tellement absolue, qu'aucune nation civilisée ne concède à l'É-

tat le droit de créer de la monnaie fiduciaire pour ses propres né-
cessités, et que la loi française n'admet pas le billet de Banque
comme payement légal dans les transactions.

La monnaie fiduciaire n'est donc, comme l'indique son nom,
qu'une monnaie de crédit. Le billet de Banque n'est pas un pa-
pier-monnaie, bien qu'il en fasse l'office dans une certaine mesure. Il est et ne sera jamais qu'un billet de crédit, c'est-à-dire
une lettre de change au porteur, remboursable à vue et en espèces,
au lieu d'être à ordre et payable à une échéance déterminée. Seulement il emprunte à cette obligation du remboursement à vue
un autre caractère, celui de monnaie fiduciaire ou de crédit.

Quand, par son décret de 1807, Napoléon Ier formula les statuts
de la Banque de France, il se préoccupa bien d'entourer de toutes les garanties posssibles le papier qu'elle émettrait. Une loi spéciale décréta même la peine de mort contre tout contrefacteur des
billets de la Banque ; mais cette même garantie, il l'étendait aux
priviléges des autres Banques ; et dans ses nombreuses instruc-
tions relatives à cette question, rien ne décèle qu'il ait jamais eu
la pensée d'assimiler, dans une affinité quelconque, la monnaie
fiduciaire à la monnaie métallique. Tout au contraire, la création
des Banques de province qu'il promettait au commerce prouve
qu'il n'entendait établir aucune unité entre ces banques et la Banque de France, et moins encore entre les billets que chacune aurait eu le droit d'émettre.

Que s'il eût voulu cette unité de la monnaie fiduciaire, il eût
compris tout d'abord qu'elle ne pourrait exister que pour le monopole d'une Banque unique ; tandis que ses préférences se ma-
nifestent en toute occasion pour une pluralité des banques.

Ainsi, le bon sens et la pratique protestent contre cette théorie
de l'unité de monnaie ; et de plus, les faits constatent que cette
unité, comme celle des Banques elles-mêmes, n'est qu'une déroga-
tion au décret de 1807 et une altératton de la pensée qui l'inspira.

La même remarque peut s'appliquer au taux de l'escompte
dont les statuts primitifs fixaient le maximum de 4 °/₀.

Il ressort évidemment des considérations qui ont déterminé l'établissement de la Banque de France que cette limite imposée au taux de l'escompte n'était que la compensation du privilége qu'on lui concédait d'émettre des billets dans la circonscription de Paris et du département de la Seine.

Que si le commerce de Paris ne devait plus attendre du négoce libre de l'argent les bénéfices d'un intérêt réduit, il les retrouvait dans le maximum de 4 °/₀ imposé aux escomptes de la Banque de France.

Cette réserve faite au profit des transactions commerciales s'est trouvée annulée, du jour où la Banque de France a obtenu de régler le taux de l'intérêt d'après le [cours du marché des capitaux.

La conséquence de cet état de choses, c'est que le commerce et l'industrie sont aujourd'hui désarmés contre les exigences de la Banque de France ; qu'ils ont perdu le bénéfice de ce maximum de 4 °/₀ stipulé en leur faveur, et réservé dans leur intérêt ; et que l'absence de banques indépendantes les livre à la merci de tous les taux d'escompte qu'il plaît à la Banque de leur imposer.

Puisque la Banque de France a été la première à demander la liberté de l'intérêt, ne s'ensuit-t-il pas que, par le fait, elle a reconnu implicitement son impuissance à remplir la clause la plus obligatoire de son contrat avec l'État ; et que du même coup, elle a fait rentrer l'État dans son droit primitif d'accorder le même privilége à d'autres banques, afin, comme le voulait Napoléon Iᵉʳ, qu'on trouve toujours en Frane de l'argent contre bonnes valeurs au prix le plus réduit.

Ainsi, par des circonstances particulières, la Banque de France a été elle-même la promotrice du principe de la surélévation indéfinie de l'escompte ; et l'on peut dire aujourd'hui qu'en défendant la liberté du taux de l'intérêt, elle a fourni l'argument le plus décisif contre son propre privilége et le plus favorable à la liberté du crédit qu'elle combat.

Les sollicitations de son intérêt ont conduit la Banque à comprendre que l'argent est une marchandise comme les autres ; que le prix de son loyer ne peut pas plus être déterminé par un maximum quelconque que celui de tout autre produit ; qu'il est réglé par les cours du marché et soumis à la loi générale de l'offre et de la demande ; et cette force même des choses l'obligera de reconnaître que, la banque n'étant autre chose que le commerce de l'argent employé à l'escompte, le prix de cette marchandise ne saurait être libre, sans que le commerce qui s'en fait ne soit libre au même titre.

Tant il est vrai que les principes ne sont pas des montures à double selle ; et qu'en économie politique moins qu'ailleurs, il n'est donné à personne de faire marcher de front le privilége et la liberté.

II

Quand on examine les modifications capitales que la Banque de France a su obtenir aux conditions de son privilége, on comprend très-bien les avantages que lui donnent ses attributions nouvelles ; mais on se demande ce que le commerce a gagné pour la satisfaction de ses justes intérêts.

Ce n'est pas, dans tous les cas, un sentiment de bien vive reconnaissance que le commerce de Paris semble éprouver pour le principe nouveau de la liberté de l'intérêt.

Les directeurs de la Banque de France affirment, il est vrai, que « ce n'est pas le taux de l'intérêt de l'argent qui importe aux « affaires, mais bien la certitude de n'en jamais manquer » ; que les élévations temporaires de l'escompte n'ont pour objet que d'empêcher l'exportation du numéraire, si indispensable au commerce, et que, partant, cette mesure lui est plus profitable qu'à la Banque même.

Le commerce se borne à répondre que, pendant cinquante ans, la Banque de France a bien trouvé le moyen de maintenir suffisamment son encaisse métallique sans jamais recourir à cette extrémité; que les administrateurs parlent bien à leur aise de sacrifices qui profitent si largement à leurs actionnaires, mais dont les négociants seuls ont à supporter tout le poids; et qu'à tout bien considérer l'ancien régime du maximum avait, à leurs yeux, un mérite que la nouvelle théorie de l'intérêt libre ne leur présente pas au même degré.

Le commerce fait encore cet autre raisonnement, qui ne manque pas d'une certaine logique.

Que si aujourd'hui, par suite de circonstances nouvelles et du développement des transactions commerciales, une banque unique et privilégiée se reconnaît impuissante à maintenir l'escompte aux taux déterminés par son contrat, si elle demande elle-même à être relevée de cette obligation essentielle, de quel droit cette même banque persiste-t-elle à réclamer les immunités d'un privilége dont elle répudie les charges? Et comment l'État lui-même serait-il justifiable de les lui continuer?

Pourquoi d'ailleurs les négociants ne seraient-ils pas aptes eux-mêmes à avoir leurs banques pour faire entre eux l'escompte de leurs valeurs? Et si, dans ce cas, ils étaient obligés, comme la Banque de France, de préserver leur encaisse métallique par des augmentations onéreuses de l'escompte, afin d'assurer le remboursement en espèces de leurs billets en circulation, du moins auraient-ils cette compensation à leurs sacrifices que d'autres n'en profiteraient pas à leur détriment: car ils retrouveraient comme actionnaires, dans les bénéfices de leurs banques, ces surplus d'escompte qu'ils auraient payés comme clients.

Les services que le commerce se rendrait ainsi à lui-même, sans avoir d'obligation à personne, vaudraient bien ceux dont la Banque de France prétend le gratifier si libéralement.

Mais les théoriciens de la Banque de France se prononcent à l'unanimité contre la pensée seule d'une telle réforme. La liberté des banques serait, à les en croire, le renversement de la science financière, un démenti donné aux principes salutaires que le temps et la pratique ont consacrés.

De cette diversité même de billets que chaque banque aurait à émettre, il résulterait, selon eux, une confusion qui ôterait toute valeur à leur crédit, et serait un embarras pour la facilité des transactions. D'où ils concluent que l'unité de billets émis par une banque unique est le seul moyen de parer à de tels inconvénients.

Certes, le principe d'unité a des avantages qu'il serait injuste de contester. Sans parler du gouvernement ou de l'administration d'un grand État, chacun comprend la convenance de l'unité dans les poids et mesures, et même pour la fixation de la monnaie métallique, parce que l'application de ce principe, dans ces deux cas, est utile à tout le monde, sans porter préjudice à personne. Il n'en résulte d'atteinte à aucun droit, à aucun intérêt.

Mais vouloir transporter ce principe dans l'ordre des affaires commerciales, essentiellement diverses de leur nature, c'est aller contre la vérité des faits et troubler le cours des choses dans leur action régulière.

Dans les transactions du commerce, une industrie n'est pas l'équivalent absolu d'une autre industrie. Le crédit ne s'accorde pas à tous les négociants au même titre. De tous les billets que la Banque escompte, de toutes valeurs qu'émettent les chemins de fer et tant de sociétés industrielles et de crédit, il n'en est pas une seule qui repose sur des données identiques, dont le produit soit le même, et qui obtienne sur le marché un prix absolument semblable.

Est-ce que la diversité de toutes ces valeurs empêche les effets de commerce de s'escompter, les actions de se vendre et tous les titres de s'échanger? Dans ce cas, c'est au public à s'assurer par lui-même de la valeur relative de toutes ces marchandises, et de ne les acquérir qu'à bon escient et à ses risques et périls. Il en sera pour les billets des banques libres, comme il en est aujourd'hui pour ceux de la Banque de France elle-même. Chacun aura le droit de les recevoir ou de les refuser, selon la confiance qu'il croira pouvoir leur accorder.

Les éventualités qui pourraient se produire, en temps de crise ou de commotions politiques, ne sauraient être un argument à invoquer. Un système de circulation financière qui serait basé sur l'hypothèse du cours forcé se condamnerait de lui-même par cette seule possibilité. Il serait repoussé par la conscience publique ; car la condition essentielle du crédit, c'est de n'être jamais surpris par les événements et de pouvoir résister même à l'imprévu.

L'unité que l'on invoque en fait de banque et de numéraire fiduciaire n'est pas un principe qui emprunte sa valeur aux notions de la science et du crédit. C'est tout simplement le privilége du cours forcé qu'on se réserve dans l'avenir et le droit d'échapper, au nom de l'intérêt général, aux obligations de la loi commune.

L'unité de monnaie ainsi comprise peut être certainement utile aux affaires de la Banque et aux intérêts de ses actionnaires. Il est plus difficile d'apercevoir les bienfaits qu'en doivent retirer le public et le commerce.

III

La Banque de France n'est pas mieux fondée à prétendre que son contrôle sur les transactions du commerce a la vertu d'en mieux régler les mouvements, et que, par ses avertissements de l'escompte, elle arrive à prévenir les crises ou à en atténuer les effets.

Il est difficile de s'expliquer comment, par exemple, la crise cotonnière que nous traversons encore aurait pu être modifiée dans une mesure quelconque par les procédés de la Banque ; et si cet établissement a réduit dans les derniers temps ses avances sur dépôts de titres, on ne voit pas qu'il ait à l'origine empêché la spéculation de créer ces masses de valeurs qui encombrent le marché des capitaux et causent aujourd'hui le malaise général.

La Banque aurait-elle davantage qualité pour prescrire au

commerce les opérations qu'il doit faire et celles dont il serait prudent qu'il s'abstînt?

Les crises industrielles et commerciales sont des faits économiques qui, à certaines périodes, se reproduisent indistinctement et tour à tour dans le monde entier, en vertu de cette loi générale qui veut pour les fécondations de la nature et pour l'activité de l'homme les efforts les plus libres et souvent les plus excessifs. Tant que la terre continuera de produire et les nations de trafiquer entre elles, les crises continueront d'apparaître de temps à autre; et plus les peuples auront des rapports d'échange, plus elles seront fréquentes, mais aussi à la condition d'être moins intenses et plus passagères.

L'intervention de la Banque de France ne saurait donc avoir aucune action efficace sur ces faits d'un ordre aussi supérieur. Ce pouvoir lui échappe certainement; et quand elle se décide à élever le taux de son escompte, elle songe moins à prémunir le commerce contre ses imprudences qu'à pourvoir, par les réserves de son encaisse, aux remboursements possibles de sa circulation.

Ainsi, en principe, la Banque de France est inhabile à prévenir en rien les crises et leurs effets; et, le fît-elle, qu'elle ne réussirait qu'à fausser un cours de choses fatal et nécessaire.

Seulement une banque privilégiée peut avoir une influence indirecte et partielle sur les conséquences secondaires des crises commerciales ou financières, selon que son système de distribution du numéraire rend plus ou moins facile la circulation des capitaux. Il semble que, sous ce rapport, l'organisation de la Banque de France laisse bien quelque chose à désirer.

De ce que la Banque de France a seule le droit d'émettre des billets et d'obtenir ainsi 800 millions de capitaux à titre gratuit, il en résulte qu'aucune concurrence n'est désormais possible contre elle. Les banquiers qui se livrent à l'escompte sont obligés d'avoir un capital dont ils servent l'intérêt au moins à 5 °/₀ soit à eux-mêmes, soit à leurs commanditaires. Lorsque la Banque de

France escompte à 4 %, leurs profits sont insuffisants même à couvrir cet intérêt.

En admettant qu'ils trouvent à escompter à 5 % avec commission d'un quart ou d'un cinquième %, ils sont amenés à faire une masse d'opérations pour accroître, par la multiplicité des affaires, les minces bénéfices auxquels ils sont réduits. Les réescomptes à la Banque sont la seule ressource qui leur soit ouverte.

Qu'une crise survienne, immédiatement la Banque, ou élève son escompte, ou restreint ses crédits.

Que peuvent alors faire ces banquiers en présence du capital relativement restreint dont ils disposent, et les masses de valeurs qu'ils ne peuvent rembourser ou qu'il faudrait continuer à escompter ?

L'alternative ne leur est pas permise. Il faut en venir à des suspensions de payements, et par suite à une liquidation anticipée qui manque rarement de finir par la faillite. C'est là l'histoire connue des catastrophes en 1830, 38, 46 et 48. C'est aussi, dans les mêmes circonstances, l'avenir réservé au plus grand nombre des sociétés de crédit qui se sont fondées de nos jours.

Que si, au contraire, ces maisons de banque ou ces sociétés avaient, comme la Banque, le droit de déposer leur capital en rentes sur l'État et d'en recevoir d'abord un intérêt de 4 %; que si, par l'émission de leurs billets, elles avaient la faculté de se procurer sans intérêt deux ou trois fois ce même capital, il leur suffirait de l'employer en escompte à 4 ou 5 % par an pour lui faire produire 10 à 12 % de bénéfice. Leurs risques seraient diminués sensiblement, et de leurs bénéfices plus grands ils pourraient faire une réserve pour parer largement aux éventualités. Dans le système actuel, ils dépendent de la Banque de France, et ont contre eux toutes les chances défavorables des affaires, sans la compensation d'aucun avantage.

Il y a plus, le privilége exclusif de la Banque de France éloigne des opérations de l'escompte une masse de capitaux qui seraient disposés à s'y engager au grand profit de l'industrie et du commerce. En empêchant la concurrence de ces capitaux, le monopole a été justement contre le but qu'on s'en était proposé, puisqu'il ne cesse de maintenir l'escompte relativement élevé, quand son effet devait être d'en amener l'abaissement graduel.

Les banques départementales, dont on rappelle la suppression en 1848 comme un progrès en fait de crédit, avaient du moins le mérite d'appeler à elles les capitaux et les épargnes des localités et de les y retenir comme des ressources permanentes pour le travail et la production de leurs circonscriptions. Les succursales de la Banque ont été jusqu'ici impuissantes à les remplacer dans ce but utile, et leur insuffisance actuelle est plus que démontrée par les calculs que les défenseurs de la Banque se sont chargés eux-mêmes de fournir.

IV

La Banque de France a-t-elle, comme elle le prétend, suivi le développement progressif du commerce général de la France par une extension parallèle donnée à sa circulation de billets et à l'importance de ses escomptes? La question est prise dans les termes mêmes où on l'a posée.

Si l'on s'attache d'abord à étudier quelles étaient, avant 1848, les opérations respectives de la Banque de France et des banques départementales, on trouve que la circulation des billets, en 1846, était de

269 millions pour la Banque de France,

 86   —   pour les banques départementales.

355 millions ensemble, lesquels avaient donné lieu, en 1846, à

un escompte de

1728 millions pour la Banque de France,

 772   —   pour les banques départementale.

2500 millions.

Que si l'on divise les sommes escomptées par le chiffre des billets en circulation, on trouve d'abord que les banques départementales escomptaient alors dans la proportion de 9 contre 8,3 par la Banque de France; comparaison toute à l'avantage des banques de province et du crédit qu'elles distribuaient.

Les derniers rapports pour 1864 constatent que le total des escomptes par la Banque et ses succursales a été de 6,550 millions contre une émission de 839 millions en billets; ce qui remet la moyenne à 7,8 en 1864 contre 8,3 en 1846; d'où l'on peut conclure que, s'il y a progrès, c'est dans le sens d'une restriction nouvelle apportée par la Banque de France, comparativement à la pratique des banques départementales.

Maintenant, si l'on prend l'année 1846, époque à laquelle fonctionnaient les banques départementales, pour la comparer avec 1864, où la Banque de France opère seule avec ses succursales, on arrive à cette démonstration : qu'en 1846 le commerce général de la France ne s'élevait qu'à....... 1,366 millions;
qu'alors le total de l'escompte était de....... 2,500 millions;

Différence..... 1,134 millions;

dont notre commerce intérieur a dû profiter.

Au contraire, en 1864, le commerce général de la France est de.................................... 7,500 millions,
et les escomptes ne sont que de............ 6,550 millions;

Différence..... 950 millions;

que le commerce général n'a pu obtenir de l'escompte. Quelle part alors a été faite aux besoins du commerce intérieur?

Sans parler du taux de l'escompte, qui du temps des banques départementales a été souvent plus bas en province qu'à Paris, il est évident que le crédit a reçu une plus large distribution avec les anciennes Banques départementales qu'avec la Banque de France et ses succursales.

Cette preuve se complète encore en comparant, d'une part l'accroissement de notre commerce général, et de l'autre l'extension donnée par la Banque de France à la circulation de ses billets et à ses escomptes. .

Comme nous l'avons déjà dit, en 1864, le commerce général de la France a été ensemble de. . . . . 7,500 millions.
Il n'avait été en 1846 que de. . . . . 1,366 millions.

Augmentation. . . . . 6,134 millions.

Soit plus de 500 °/₀ en dix-huit ans.

La circulation des billets de la Banque de France s'est élevée, pour 1864, à. . . . . 815 millions.
Elle était, en 1846, de. . . . . 355 millions.

Augmentation. . . . . . 460 millions.

Soit 130 °/₀.

Les escomptes, en 1864, sont de. . . . . 6,550 millions.
Et en 1846 de. 2,500 millions.

Augmentation. . . . . 4,050 millions.

Soit 160 °/₀.

De sorte que, dans la même période de temps, la circulation et les escomptes de la Banque n'ont augmenté ensemble que de une fois et demie, alors que le commerce général a plus que quintuplé. Si on admet que le commerce intérieur a dû s'accroître dans une proportion égale, il s'ensuit que la circulation de la monnaie fiduciaire n'est plus en rapport avec la masse des transactions et avec les besoins des échanges ; circonstance qui explique les variations de hausse et de baisse dans le taux de l'escompte pendant ces dernières années.

Ce qui, pendant cinquante ans, a permis à l'escompte de ne point s'élever au delà de 4 °/₀, c'est que la circulation de la monnaie fiduciaire, par rapport au commerce général, s'est toujours tenue dans la proportion de 1 contre 4 ; tandis que depuis 1856 cette même proportion est descendue à 1 contre 10 , comme en 1864, où la circulation des billets de Banque n'a été que de 800 millions avec un commerce extérieur de plus de 7 milliards 500 millions.

Il est évident que, pour revenir seulement à l'équilibre de 1846, alors qu'il y avait des Banques départementales et que la circulation de la monnaie fiduciaire était de 355 millions pour un commerce général de 1,366 millions, il faudrait que l'émission des 800 millions de billets de la Banque de France fût portée à 3 milliards au moins, chiffre qui ne représenterait encore que les $2/5^{mcs}$ du commerce général actuel de la France.

Il est à remarquer que ce calcul, basé sur les besoins constatés de notre développement commercial, se trouve en parfait accord avec celui que nous avons déjà suggéré dans une autre circonstance, et qui consiste à prendre, comme point de départ, une moyenne de crédit à donner de 75 fr. par individu. Par cette proportionnalité on arrive tout juste au chiffre de 3 milliards de monnaie fiduciaire pour 40 millions d'habitants que la France compte aujourd'hui ; tandis que les 800 millions de billets que la Banque a pour le moment en circulation ne portent qu'à 20 fr. la moyenne de ce crédit individuel.

Quand on songe pourtant que nous possédons, d'après les économistes, de 5 à 6 milliards de numéraire, et que cependant les dépôts d'espèces dans les caisses de la Banque de France ne se sont jamais élevés à plus de 450 à 500 millions, c'est-à-dire à moins de 10 °/₀ du numéraire existant, on est forcé de reconnaître que la masse des échanges en France se fait encore au moyen du numéraire, et que notre circulation monétaire a en soi quelque chose de défectueux.

On ne saurait d'ailleurs se dissimuler que nous entrons chaque jour plus avant dans un ordre de choses exceptionnel et nouveau.

Le régime économique que le traité de commerce avec l'Angleterre a inauguré depuis 1860 a fait à notre travail national des conditions nouvelles, où toutes les forces du crédit lui sont nécessaires pour soutenir la concurrence avec les pays étrangers. Depuis quinze ans, notre industrie et notre commerce prennent une importance dont les relevés officiels de nos douanes accusent chaque année l'accroissement progressif. En ce moment même, la décentralisation administrative promet d'appeler les départements et les communes à une initiative d'action qui, sans le concours du crédit local, menacerait de rester incomplète ou stérile. Enfin, les réclamations unanimes qui s'élèvent de toutes parts contre l'insuffisance des moyens dont dispose la Banque de France sont une preuve de son impuissance à satisfaire les besoins du pays, et de l'urgence d'une réorganisation générale de notre système de crédit.

Cette nécessité démontrée, il ne s'agit plus que de rechercher le moyen pratique de concilier le respect dû à des droits acquis avec la satisfaction que demandent les intérêts généraux du pays.

VI

En dépit de certaines théories d'origine étrangère, il n'y a encore, en fait de banques, qu'à s'en tenir à l'opinion de Napoléon Ier et du comte Mollien, qui ne voyaient dans ces institutions qu'un moyen d'économiser l'emploi du numéraire et d'obtenir une réduction du prix de l'argent.

L'expérience de la Banque de France elle-même, et elle est loin de se renfermer toujours dans une réserve aussi prudente, a prouvé qu'une banque peut, sans le moindre danger, émettre des billets de circulation pour une valeur au moins égale à trois fois son capital réalisé, à condition toutefois que ce capital soit garanti par un dépôt en rentes qui le mette en dehors des éventualités commerciales, et que, de plus, le remboursement en espèces de ses billets soit assuré par une encaisse métallique du tiers de sa circulation. De sorte qu'une banque au capital de 1 million, et qui, pour une émission de 3 millions de billets, est obligée à une réserve de 1 million en espèces, se trouve par le fait ne mettre en circulation que 2 millions contre un million toujours effectif et garanti.

Une maison de commerce qui, dans ses affaires, se bornerait à ne prendre d'engagements que pour une somme deux fois égale à son capital, serait considérée comme un modèle de prudence commerciale.

En partant de cette donnée, qu'une circulation de 3 milliards de monnaie fiduciaire est nécessaire au développement actuel des affaires en France, et que le capital de garantie reconnu indispensable doit être de son tiers, c'est-à-dire d'un milliard, on arriverait, en tenant compte du capital que possède déjà la Banque de France, et qui est de 200 millions, à la création d'un capital supplémentaire de 800 millions.

Par une disposition nouvelle de la loi, la Banque de France serait, comme les autres Banques, obligée de réduire de 800 millions où elle est aujourd'hui à 600 millions seulement l'émission de ses billets, pour mettre sa circulation en rapport avec son capital. Elle serait ainsi ramenée à un chiffre qu'on lui reproche, avec quelque raison, d'avoir trop souvent dépassé, et qui ne pouvait se justifier que par les exigences de son monopole même.

Que si la Banque de France voulait, comme elle semble en avoir l'intention, ne se départir en rien des prérogatives de son privilége et maintenir tout entier le droit qu'elle tient de son contrat avec l'État de faire à la fois l'escompte de Paris et des départements, alors l'État, lui aussi, pourrait user du droit qu'il n'a jamais aliéné d'accorder aux villes de commerce qui le demanderaient l'autorisation d'établir des banques locales indépendantes.

Cette faculté même ne devrait plus dépendre d'une autorisation administrative, mais être de droit commun et réglée dans son application par une loi générale.

Les prescriptions de cette loi édictant que la circulation de la monnaie fiduciaire pour la France ne pourrait, en aucun cas, excéder la somme de 3 milliards, l'émission des billets par la Banque de France se trouverait, par le fait, fixée à 600 millions ; et le surplus des deux milliards 400 millions serait réparti, au prorata de leur population, entre tous les départements qui rentreraient ainsi, et conformément au décret organique de 1807, dans le droit qu'ils auraient dû toujours conserver d'avoir leurs banques particulières.

D'un autre côté, comme les rapports d'affaires entre Paris et les départements deviennent chaque jour plus importants, que l'isolement des anciennes banques départementales a pu être une cause de leur insuccès relatif, la même loi autoriserait ces banques départementales à instituer, dans Paris, une espèce de Comptoir syndical, chargé de pourvoir à tous les virements de fonds qu'elles auraient à faire avec la capitale. Cette faculté ne serait pour elles que le droit complémentaire de leur circulation de billets.

Le Comptoir syndical pourrait avoir un capital spécial et à part fourni, soit par les Banques départementales, soit par des actionnaires, au moyen duquel, et par des arrangements particuliers, il viendrait garantir en partie et rembourser au besoin les billets de ces banques, comme au siége même de leur établissement. Comme ce Comptoir syndical n'aurait pas par lui-même le droit d'émettre des billets, mais qu'il se bornerait à être le caissier de ces banques, la Banque de France ne saurait voir dans ces opérations aucune infraction à son propre privilége. Elle serait sans droit pour s'y opposer.

VII

Il est facile de démontrer qu'une pareille organisation ne ren-
contrerait aucun de ces obstacles que des esprits prévenus seraient
disposés à y voir.

Le nouveau capital à former pour servir de garantie à la circulation des billets attribués aux banques nouvelles serait com-
posé de :

      600 millions à souscrire par les départements ;

      200   —   — par le Comptoir syndical ou par la
      de Banque France, à sa volonté.

      800 millions.

La répartition de cette somme entre les 88 départements,
en dehors de celui de la Seine, donnerait pour chacun un prorata
d'environ 9 millions, et partant droit à une émission de 27 millions
de billets.

Le siége de chaque banque serait établi au chef-lieu du département, avec obligation d'une succursale dans chaque chef-lieu
d'arrondissement.

Le capital de chaque banque et de ses sucursales pourrait va-
rier en plus ou en moins, selon l'importance des départements et
des arrondissements, en prenant pour point d'appréciation les
chiffres des populations respectives, comme cela se pratique pour
les élections de députés, mais sans pouvoir excéder dans leur
ensemble le chiffre total des 800 millions d'abord fixés.

Chaque banque serait organisée d'après un principe, le même
pour toutes.

Des prescriptions identiques leur imposeraient à chacune des
conditions semblables pour la garantie de leur capital, pour le
rapport des réserves métalliques avec l'importance de leur circulation, pour le remboursement à vue de leurs billets; ainsi
qu'un même programme pour la comptabilité des écritures, la
périodicité des comptes rendus, le mode de contrôle et

de publicité auquel leurs opérations seraient alors astreintes.

Cette unité d'obligations se compléterait par l'unité relative des billets eux-mêmes, qui pourraient recevoir la même apparence extérieure, avoir les mêmes fractionnements de coupure, avec la seule distinction résultant des noms différents de chaque banque et de la signature de leur directeur respectif.

Des arrangements réciproques seraient pris par les Banques entre elles, pour l'acceptation mutuelle de leur circulation de billets. Et le Comptoir syndical dont il a été parlé déjà, ou la Banque de France, si elle se ralliait à cette idée, seraient tenus, par leur intérêt de commanditaire, de servir de *besoins* à ces Banques, et d'agir à leur égard comme la Banque de France le fait aujourd'hui vis-à-vis de ses succursales.

Mais le plus grand avantage de ce système pour le commerce serait de ramener toutes ces banques à l'unité bien autrement importante du maximum de l'intérêt à 4 %; et cette obligation à leur imposer serait d'autant plus équitable et facile que d'une part, elle serait le prix même du privilége qui leur aurait été concédé, et que, de l'autre, 90 banques indépendantes, avec leurs réserves spéciales et multiples, seraient plus à même qu'une banque unique et sans contre-poids de se défendre contre ces pénuries d'espèces et ces drainages de numéraire qui ont jusqu'ici servi de prétexte aux surélévations de l'escompte.

Il n'est pas un banquier ou un négociant qui pourrait soutenir que chacune de ces indications ne soit conforme aux principes et à la pratique la plus usuelle des affaires.

En résumé, et pour conclure, cette combinaison n'est, il est vrai, ni la liberté illimitée des banques dont le temps ne semble pas encore venu, ni l'unité inflexible du monopole, telle que voudraient le faire prévaloir des convictions honorables mais prévenues; c'est tout simplement de la pratique dans la mesure du possible, un compromis entre les droits de la liberté et ceux d'une prérogative acquise : le seul enfin qui puisse concilier à la fois les principes et les intérêts,

VIII

L'équité et les convenances voudraient que tout d'abord cette proposition fût soumise aux considérations de la Banque de France, et qu'elle eût la faculté d'y souscrire ou de la rejeter.

Dans l'accord qui lui serait proposé, la Banque resterait, comme elle l'est aujourd'hui, en possession absolue de ses opérations de Paris. Seulement elle rentrerait, par le fait même, dans les termes du décret de 1807, qui assignaient à son privilége la circonscription de Paris et du département de la Seine ; de même que celui de la Banque d'Angleterre ne s'étend qu'à un rayonnement de 35 milles autour de Londres. Mais de ce que la Banque de France serait libre alors de consacrer ses 600 millions de billets aux opérations de Paris, il pourrait en advenir pour elle qu'elle fît, sur ce point seul, au moins autant d'affaires qu'aujourd'hui avec toutes ses succursales réunies. Elle gagnerait en concentration tout ce qu'elle aurait perdu en étendue.

Dans le système actuel de ses succursales, la Banque de France n'apporte, dans les localités qu'elle dessert, aucun capital qui lui soit propre. Elle apporte seulement ses billets et son crédit qui les fait accepter dans la circulation. Mais comme elle n'offre aux capitaux des localités, ni aucun intérêt, ni aucun moyen de s'associer aux bénéfices de ses affaires, ces succursales restent comme étrangères au pays et ferment en quelque sorte la porte aux épargnes qui seraient disposées à s'engager dans les opérations de l'escompte et du crédit. Elles n'arrivent même pas à mettre en mouvement la masse de numéraire que les provinces accumulent et retiennent sans utilité.

Les banques départementales, au contraire, auraient cet avantage : c'est que, fondées en partie avec les capitaux du pays, elles seraient en union plus intime et plus directe avec tous ses intérêts, et qu'elles attireraient à elles ces réserves de l'épargne par la confiance presque personnelle qu'elles arriveraient à leur inspirer.

De plus, le service de ses succursales devient, pour la Banque de France, une tâche chaque jour plus compliquée et qui menace de dépasser bientôt la mesure de ses forces, si intelligentes qu'elles soient. Sur les 90 Comptoirs qu'elle s'est obligée à fonder, 53 seulement fonctionnent aujourd'hui ; 37 attendent encore leur organisation.

Comme, dans l'hypothèse émise, les banques départementales auront pour se créer le droit d'appeler un capital de 800 millions, pourquoi n'offrirait-t-on pas à la Banque de France le privilége de souscrire pour elle et pour ses actionnaires le 1/4 de ce capital, c'est-à-dire 200 millions, et de s'intéresser ainsi par voie de commandite pour 25 °/₀ dans les opérations de ces Banques départementales ?

Par cette combinaison, la Banque de France pourrait se décharger sur ces banques du soin des 37 succursales qui lui restent encore à organiser. Les 53 existantes aujourd'hui ne seraient plus que l'objet d'une substitution d'autant plus facile à opérer, qu'en sa qualité de commanditaire pour un 1/4, la Banque de France aurait le droit d'avoir dans chaque conseil d'administration un directeur nommé par elle et de surveiller par son contrôle toutes les opérations de ces établissements. Cette participation lui assurerait d'ailleurs la clientèle de ces 90 banques, lesquelles, avec moins d'embarras et moins de complication, lui donneraient les mêmes résultats que ses succursales d'aujourd'hui ; et ces affaires lui offriraient une large compensation au sacrifice plus apparent que réel qui lui serait demandé.

De son côté, en fournissant à elles seules les 3/4 du capital social, chaque banque départementale aurait vis-à-vis de la Banque de France une indépendance relative. Elles y puiseraient une liberté d'action utile à leur développement et à leur succès, en ce qu'elle leur permettrait de distribuer plus largement le crédit aux besoins de leurs localités, et de ne laisser en souffrance aucun élément sérieux de travail et de production qui demanderait à s'y développer.

Ce terme moyen, acceptable de part et d'autre, aurait le mérite de donner satisfaction à deux principes considérés jusqu'à ce jour comme inconciliables. Les partisans de l'unité de monnaie ne sauraient repousser un système où leur théorie recevrait sa seule application possible et rationnelle. L'école libérale y verrait un commencement de cette liberté qu'elle tient à honneur de revendiquer en tout et partout; et les 20 ans d'existence que le privilége de la Banque de France a encore à courir permettraient de faire, sans perturbation comme sans violence, une épreuve dont l'avenir réserverait le jugement final et complet.

Par l'heureuse solidarité établie entre la Banque de France et ces banques départementales, notre régime commercial serait paisiblement ramené aux véritables errements de l'association et de cette Commandite qui a fait à elle seule notre industrie nationale ce qu'elle est aujourd'hui; et par elle, la France, sous une forme plus particulière à son génie et à ses institutions, aura trouvé le moyen de réaliser chez elle cette grande conception des *Joint-Stock-Bancks* dont l'Angleterre s'enorgueillit à juste titre et qui ont si puissamment contribué à sa grandeur commerciale.

Dans le cas où la Banque de France repousserait un arrangement si conforme à son intérêt, les départements auraient alors le droit de pourvoir eux-mêmes à l'organisation des Banques locales; et l'on peut être assuré que ni les capitaux, ni les grandes compagnies telles que la Société générale ou le Comptoir national d'escompte, ne manqueraient pour accomplir l'œuvre que la Banque de France aurait refusé d'entreprendre.

IX

On chercherait peut-être vainement un système qui, dans son ensemble, répondît plus complétement aux fins diverses qu'on doit se proposer.

Tout en maintenant le respect dû aux engagements de l'État,

cette combinaison a le mérite de ramener la Banque de France aux termes mêmes de ses statuts, et d'enlever à son privilége ce qu'il a d'excessif aujourd'hui et de contraire aux besoins nouveaux du pays. Les actionnaires de la Banque restent en possession des avantages essentiels que leur assure leur contrat; et ils trouvent, dans la préférence qui leur est offerte de participer jusqu'à concurence de 200 millions aux opérations des banques départementales, un avantage dont ils ne seront pas les derniers à apprécier tout le prix.

Les insuffisances de l'escompte et ces brusques élévations du taux de l'argent dont le commerce de Paris se fait aujourd'hui une arme contre la Banque de France n'auront plus lieu de se produire, du jour où la Banque étendra à une circonscription plus restreinte toutes les ressources de son capital et de sa circulation de billets.

Par cette décentralisation du crédit, l'État dégage sa responsabilité de complications commerciales qui doivent lui rester étrangères, et il donne aux intérêts qui la réclament la juste protection qu'il leur doit.

Puis, par ce fait même de la loi qui devra imposer à toutes les banques nouvelles l'obligation de convertir en rentes sur l'État leur capital de garantie, le gouvernement se trouve, sans recourir à un emprunt, une ressource immédiate de 800 millions, soit pour relever la rente et rembourser à la Banque les 60 millions qu'il en a reçus, soit pour achever ses chemins de fer départementaux dont l'exécution nécessiterait tôt ou tard quelque nouvel appel au crédit.

La décentralisation administrative que le gouvernement prépare pour les départements et les communes, et dont il proclame l'indispensable nécessité, cette décentralisation trouvera dans les banques locales son complément nécessaire et son instrument le plus efficace.

Ces institutions conduiront encore à cet autre résultat de rapprocher notre système économique et financier de celui des grands pays de commerce, tels que l'Angleterre, les États-Unis, l'Allemagne, la Hollande : en remplaçant les banquiers par des banques, et en substituant aux opérations peu appréciables des individus l'action publique et toujours contrôlée des sociétés de banque par actions. C'est à des établissements de cette nature que les capitaux de l'épargne iront de préférence, pour fournir aux besoins des localités les ressources qui leur manquent encore aujourd'hui.

Enfin, et contrairement à certaines préventions, les banques départementales auront seules la puissance d'arrêter l'extension chaque jour plus envahissante des grandes sociétés, et de leur opposer la concurrence énergique de l'initiative individuelle. Ce sont elles surtout qui, par leur contrôle multiple, rendront impossibles les excès des entreprises aventureuses, et ramèneront les épargnes du pays des entraînements de la spéculation aux besoins plus vrais, plus moraux du travail et de la production.

En un mot, la *liberté* des banques dans l'*unité* de leur principe : telle est, du moins en ce moment pour la France, la seule solution pratique et rationnelle du problème que l'enquête a posé; celle dont l'expérience peut se faire sans témérité, mais qui, par la force des choses, s'imposera plus tard fatalement, si l'esprit de prévoyance et de résolution manquait pour l'appliquer aujourd'hui, quand les circonstances se montrent aussi propices.

A. DAGNEAUX.

9 782019 238223